AF370846

Collége de Lille.

DISTRIBUTION SOLENNELLE DES PRIX

Du 16 Août 1842.

ALLOCUTION

De M. Ed. GACHET, *Principal.*

MM. les Inspecteurs généraux et M. l'Inspecteur d'Académie ont rendu à l'Administration un témoignage satisfaisant de nos études. Le collége de Lille, suivant de point en point, depuis plusieurs années, le programme du conseil royal, s'est placé sur la ligne des colléges de premier ordre. Plusieurs élèves qu'il a formés remportent peut-être en ce jour même à Louis-le-Grand, à Douai, à Amiens, les premiers prix de philosophie. Nous continuerons de remplir notre tâche avec le même zèle. Aux efforts de chaque régent nous joindrons l'esprit d'ensemble qui dispose et féconde, l'unité de méthode si propre à éclairer et à former l'entendement, l'unité morale qui, par son action constante, ramène sans cesse au bien et à l'ordre, y accoutume et en fait un besoin!

Deux ecclésiastiques , malgré les occupations multipliées des paroisses auxquelles ils appartiennent , ont continué de donner à nos élèves les leçons qui les rattachent à la grande famille chrétienne : deux autres ont été éloignés de nous par de nouvelles fonctions. Que ces dignes amis de la jeunesse reçoivent ici , au nom des familles , les remercîments dus à leur dévouement et à leur zèle ! L'an prochain, une seule personne sera chargée spécialement de l'enseignement religieux.

L'école préparatoire de mathématiques est désormais un nouvel avantage acquis a notre collége, Un élève s'est présenté cette année aux examens et a des chances de réussite. L'an prochain , nous en présenterons plusieurs.

L'enseignement de la langue anglaise , continué pendant quatre ans et confié à un professeur versé dans la littérature ancienne , fortifie l'étude de la grammaire générale et celle de la littérature comparée.

En résumé , le niveau de nos études s'élève , et une sage administration augmente tous les jours les garanties que nous offrons aux familles.

Ce peu de mots suffirait sans doute et je pourrais ne pas retarder davantage le triomphe des vainqueurs ; mais nous devons, en ce jour solennel , plus que des prix et des couronnes : nous devons la vérité et le conseil utile à tous ; nous devons faire appel aux familles pour la bonne direction de leurs enfants.

Or, ne craignons pas de dire ce qui est. Les sentiments affectueux, une aimable et généreuse confiance , la bienveillance et presque l'urbanité , manquent aux générations nouvelles. De là , cette indifférence , cette légèreté , cette

irrévérence qui ne reconnaissent ni l'autorité des usages et
des mœurs , ni celle de la règle et des lois , ni l'expérience
des pères , ni la sagesse des siècles : de là , un seul homme , un jeune homme , un enfant , se posant devant tous ,
n'inclinant sa tête ni devant les magistrats , ni devant les
vieillards , ne donnant la main ni à un guide ni à un ami ;
allant au hasard sans regarder ciel ni terre ; se frayant péni-
blement une voie à côté de chemins tout tracés , jusqu'à ce
qu'il trouve, sous ses pas, un précipice, ou que la vieillesse,
arrêtant sa marche , l'oblige à s'asseoir tristement dans ce
sentier désert et sans issue.

Oh ! finissons-en avec cette sauvage indépendance ,
avec ce triste courage qui, à la vérité , sait se passer de tous,
mais auquel personne ne doit rien. Ne craignons pas de
marcher les uns vers les autres. L'homme n'est-il pas la
joie et la gloire de l'homme? N'y a-t-il pas, dans chacun de
nous, quelque chose qui vient de tous et qui leur appartient?
Que sont devenues nos vieilles mœurs françaises , la franche
et noble confiance qui suppose le bien, le provoque et l'ins-
pire? Non , il n'est point libre celui qui entend toujours
le bruit des chaînes, celui qui n'a la paix ni dans son cœur
ni sur les lèvres. Par la défiance et la haine , par un esprit
continuel de dénigrement , il provoque , il suscite , il crée
lui-même les rigueurs et les entraves contre lesquelles il
s'irrite.

Quel sera le remède à ce principe de séparation et
d'antagonisme qui afflige la société ? Nous le trouverons
dans une éducation mieux entendue, dans une éducation qui
tiendra plus de compte des sentiments tendres de l'enfance.
Faut-il le dire ? Nos enfants n'apprennent point assez à

aimer. C'est leur cœur qu'il s'agit de former et il y a pour cela quelque chose à faire , même dans la famille.

Oh ! certes ce n'est pas l'amour des pères et des mères qui fait défaut. Il surabonde. Perdant avec la foi religieuse l'amour de l'infini et la charité universelle qui en découle , nous portons sur nos enfants, sur ces autres nous-mêmes, toute la puissance d'aimer que le créateur a mise en nous. Mais il arrive alors que nous les aimons d'un amour trop vif, trop inquiet , trop personnel , qui les étonne et auquel leur calme et leur quiétude ont bien de la peine à répondre. Nos transports , nos empressements , nos appels incessants fatiguent ces délicates créatures : notre amour qui devait embrasser l'univers et qui se concentre sur eux seuls , ressemble à un soleil brûlant qui épuise et dessèche les jeunes et tendres plantes.

En vérité , nous aimons nos enfants à la manière des avares. Nous voulons jouir de notre trésor à l'exclusion du monde entier , nous inquiétant peu si , dans nos mains, il demeure stérile et improductif. Nous oublions qu'ils appartiennent à la société. Nous oublions que, pendant et après notre vie , ils seront en contact avec elle , et que notre devoir est de la leur faire aimer.

Quoi de plus facile pourtant et quelle plus noble tâche ! Que de maîtres autour de l'enfant ! Que leur caractère est sacré ! Et que les leçons découlent bien de leurs lèvres !

Voici d'abord la mère , la mère — qui nous fait croire à la Providence , la mère — placée auprès de chaque berceau , pour enseigner le dévouement et l'amour le plus pur.

Voici le père qui dans sa personne représente le genre humain tout entier; le père — plein de sagesse et de majesté, qui apprend à l'enfant la dignité de l'espèce à laquelle il appartient.

Voici l'aïeul dont la figure vénérable et les cheveux blanchis enseignent le respect des siècles écoulés; l'aïeul — qui sent dans son cœur que tout est illusion hors l'amour et qui se rapproche sans cesse de l'enfant , sans doute pour lui révéler ce mystère de l'énigme de la vie.

Puis viennent les frères et les sœurs qui apprennent l'amour d'égalité , la sainte amitié qui console et défend autrui , la tendre sympathie qui engendrera plus tard la fraternité universelle,

Viennent enfin les serviteurs qui , loin de leur famille , servent la famille étrangère; les serviteurs — dont souvent le seul bonheur est d'aimer les enfants de leurs maîtres, et dont le dévouement semble leur dire : Nous vous servons , mais nous vous aimons : Enfants , l'amour nous rend tous égaux.

Que la société est à plaindre quand elle n'est point ainsi représentée au foyer domestique !

Non , pères et mères , vous n'avez pas rempli toute votre tâche, quand vous avez aimé vos enfants. La société qui vous protége , qui protége ces êtres chéris , n'existe point par hasard et sans les mérites des hommes. Elle a ses liens , comme la famille a les siens. L'indifférence et l'égoïsme sont pour elle et pour vous des germes de dissolution et de mort. Si la société n'est pour vous et pour les vôtres qu'un champ à exploiter , n'espérez pas recueillir en paix la moisson !

Mais voici le moment où le monde extérieur touche vos enfants et les presse. Vous venez les confier à nos soins. Quel empire aurons-nous sur eux , si vous ne leur avez fait aimer le conseil et même la remontrance ? Comment nous suivront-ils dans les rudes sentiers de la science , s'ils ne se confient pas à la voix d'un guide et d'un ami ! Vous avez beau rêver pour l'enfant le plus heureusement doué , les honneurs et la considération publique ; en vain il porte un nom illustre et révéré ; en vain vos proches , vos amis , vos concitoyens appellent, attendent une ame, un esprit d'élite ; tout votre amour paternel , tout votre crédit humain , ne feront point éclore cette intelligence. Les hommes forts , les hommes d'étude et de pensée qui ont action sur leurs semblables , ne se produisent point au gré d'un amour idolâtre. Il y a dans toute puissance quelque chose de divin qui ne s'acquiert que par la vertu. Pour que l'esprit et le cœur d'un enfant se développent, se fortifient , deviennent une force sociale , ce n'est pas trop des leçons et des exemples de ses parents et de ses propres efforts. Par la vertu seule , nous avons pouvoir les uns sur les autres.

Un enfant bien doué , mais indifférent , insensible, peu formé à l'obéissance, ne trouvera dans l'étude qu'amertume, dégoût et sujet de révolte.

Voyons s'il sera plus heureux au milieu de ses condisciples, lui qui, dans sa famille, exerçait sa domination sur ses sœurs et ses frères. Hélas ! les jeux ne lui conviennent pas mieux que l'étude. Ses manières hautaines, son ton d'autorité sont très-mal accueillis. Il est oublié ou repoussé de tous. Quelqu'un pourrait cependant le consoler. Mais notre petit orgueilleux ira-t-il , avec ingénuité et candeur, conter sa peine au maître d'étude dont l'autorité secondaire n'éveille dans son cœur aucune sympathie. Hélas ! le pauvre enfant n'a point appris autrefois à aimer sa première institutrice , son premier guide , sa bonne.

Il nous est donc confié. Nous ne sommes point encore le monde qui n'attend point , le monde qui n'oublie rien , le monde qui brise. Nous sommes un monde intermédiaire. L'enfant retrouve auprès de nous la patience et la longanimité paternelles. Le bien d'aujourd'hui nous fait oublier le mal de la veille. Nous ne brisons point , nous redressons. Nous ne sommes point encore les magistrats , mais nous devons faire respecter l'autorité. La règle du collége est une première loi à laquelle chacun doit s'astreindre et se soumettre. Il y a déjà un intérêt général , un bien , un honneur commun à reconnaître et à aimer.

Comment procéderons-nous dans notre tâche ? D'abord , à la manière des mères , nous ferons nos preuves de tendresse et de sollicitude ; car c'est toujours par l'amour qu'il faut commencer. De même que , pour une mère , il n'y a point d'enfant qui n'ait son attrait particulier , nous nous attacherons à chacun de nos élèves , aux natures les plus rebelles et les plus ingrates. Nous redoublerons de soins et d'encouragements pour les enfants indociles ou moins heureusement doués. Or , que de bons fruits produira notre généreux amour ! Ces enfants seront adoucis , prendront goût au travail. Leurs condisciples les traiteront à leur tour avec plus d'égards et d'affection. On aura foi en notre puissance qui aura opéré ces métamorphoses. Notre parole sera vénérée. Alors , nous faisant forts de l'empire que nous aurons conquis, nous en profiterons dans l'intérêt des études et de la discipline ; nous exigerons l'accomplissement du devoir dans toute sa rigueur , dans toute son austérité. Le maître qui aime, le maître qui donne lui même l'exemple du zèle, ne craint point de se montrer exigent et sévère. Il obtiendra de ses élèves plus que n'obtiendront jamais ni la complaisance, ni la flatterie, ni même le savoir le plus éminent. Nous l'avons déjà dit, il n'appartient qu'à la vertu de s'engendrer et de se reproduire elle-même.

Bénissez, mes amis, bénissez les maîtres qui vous font aimer les deux grandes lois de toute société, l'obéissance et le travail ! Quelle plus salutaire initiation à la jeunesse, à cet âge de passions fougueuses et désordonnées ! Par l'obéissance, l'homme se détache de lui-même pour s'agréger à tous ; il immole, ou plutôt il rattache l'intérêt particulier à l'intérêt général. Par le travail, il use de la liberté, il triomphe de la nature extérieure et de ses propres instincts aveugles et matériels.

A votre âge de légèreté et d'irréflexion, que vous êtes loin de vous douter des services immenses qui vous sont rendus ! Les familles même, le monde, apprécient-ils toujours la haute et sainte mission du professeur ? Connaît-on bien cet homme qui tient son mandat de la famille et de la société, qui les représente et qui doit les faire aimer ?

Qu'est-ce qu'un professeur ? C'est un ami de la jeunesse qui a préféré à la société des homme celle des enfants. C'est un homme désintéressé qui a pris, par choix, un état qui ne conduit ni aux honneurs, ni à la fortune. C'est un savant modeste, un homme de bien qui, au lieu de travailler à sa propre réputation, n'est préoccupé que du désir de multiplier les hommes instruits et vertueux. Quelquefois il se voue au célibat, afin d'appartenir tout entier à ses chères occupations. Quelquefois, il est père lui-même : alors si sa famille est nombreuse, il n'assurera peut-être pas à ses enfants l'instruction libérale qu'il possède et qu'il prodigue à ses élèves. Vous croyez cet homme bien à plaindre Quelle joie, dites-vous, goûte ce malheureux qui creuse son sillon dans tant de terres rebelles, qui sème pour que d'autres recoltent ?

Quelle joie ?.... la plus pure qu'on puisse goûter au monde. Dans ces terres arides, j'en conviens, et quelquefois ingrates, sont cachés des trésors, de belles intelligences, de grandes ames. Ah ! quand pour la première fois, jaillissent ces pures lumières, quand on les a allumées de son souffle, quand on sent qu'on a communiqué l'étincelle, le feu sacré, quand on a doublé, décuplé, centuplé le bien qu'on avait en soi, quand on a créé, pour ainsi dire, et offert au véritable Créateur ces autres soi-mêmes pour lesquels on a tant de fois prié dans le secret de son cœur, on a trouvé plus que des perles et des diamants, on a façonné des matières plus précieuses que l'argent et l'or, on a édifié autre chose que des monuments de pierre et d'airain ; on a été, pour me servir des termes de l'école économique, ce qu'il y a de plus producteur au monde.

Vous l'appelez régent, professeur, maître de langue, ce producteur de force vive, ce créateur de puissance morale ; et moi, je serais tenté de l'appeler un apôtre de la civilisation, un protecteur des générations nouvelles. N'est-ce pas lui, en effet, qui plaide incessamment devant les familles la cause des sciences et des lettres ? Ne croyez pas lui ravir sans combat un enfant dont l'esprit commence à prendre l'essor ! Il se fera le défenseur de cette intelligence menacée dans sa fleur. Et si l'enfant n'a qu'elle pour

richesse , c'est alors que le plaidoyer devient éloquent; c'est alors que le professeur n'est plus seulement le représentant de la civilisation , mais un véritable père comprenant mieux les besoins et la fin de cette créature intelligente que celui de qui elle tient la naissance. Lui-même , le plus souvent , n'est-il pas un de ces pauvres enfants dont il a fallu défendre aussi les plus nobles intérêts ? Ses fils ne seront-ils pas dans une position pareille ? D'ailleurs , il a toujours présentes à l'esprit ces paroles du bon Rollin , *de ce véritable saint de l'enseignement* , comme l'appelle M. Villemain :
» Il y a généralement parlant , sur les riches et sur les
« richesses, une sorte de malédiction qu'il faut tâcher d'en
» détourner , en mêlant parmi les enfants des riches , quel-
» ques pauvres écoliers qui attireront sur eux les regards
» et la protection de celui qui se déclare partout , dans
» l'Ecriture , le protecteur et le père des pauvres (1).

Cependant il vieillit , l'humble professeur , heureux quand la maladie ou une disgrâce imprévue ne l'arrête point au milieu de sa carrière. Mais qu'importe, après tout, s'il a enseigné assez d'années pour emporter avec lui des souvenirs ? Les jeunes intelligences qu'il a développées ont pris leur essor. Les volontés droites qu'il a formées se sont affermies. La cité s'est peuplée de jeunes hommes qui en sont devenus la lumière et la force. Ne peut-il pas dire avec le poète : *j'ai fait du bien puisque j'en ai fait faire.*

Aussi sa vie ne fut jamais plus semée d'événements. Tantôt c'est un élève rebelle, qu'on avait cru incorrigible et qui , après quelques années passées dans le monde , vient lui rendre les armes en se jetant dans ses bras. Tantôt c'est un ancien lauréat dont il avait prédit les succès , qui rem-

(1) Traité des études , 4 vol. Devoirs des Principaux.

porte une palme académique ; et le vieillard prend sa part de la joie du triomphe. Il a reconnu, dans le chef-d'œuvre couronné, le goût pur, les vrais principes, les saines doctrines. Puis un autre disciple obtient les suffrages publics, et le bon vieillard siége en esprit au conseil municipal, au conseil général, à la chambre. En voici un autre qui s'illustre dans la carrière des armes, et son vieil ami prend avec lui les villes et gagne les batailles.

Et ces triomphes communs ne sont-ils pas de toute justice ? Ces jeunes hommes et leur guide n'ont-ils pas fait ensemble leur moisson dans les champs de l'intelligence ? N'ont-ils pas allumé au même foyer leur amour de la patrie et de la liberté ? Cicéron et Démosthènes ne sont-ils pas leurs communs maîtres? N'ont-ils pas combattu ensemble aux Thermopyles, à Marathon, à Salamine, à Pharsale, à Philippe?

Pères et magistrats, accordez à ces hommes qui vous représentent, la seule récompense qu'ils ambitionnent, le respect et la confiance dont ils ont besoin pour remplir leur mission ? Et vous, mères de famille, priez pour que l'esprit de paix adoucisse l'austère vertu de ces descendants des Grecs et des Romains !

Résumons-nous.

Aimer, faire aimer, voilà l'éducation. Cette tâche n'est pas aussi facile qu'on le croirait d'abord. Tous ne sont pas également aimables. Il y a des enfants de prédilection et d'autres moins chéris. Puis, que faut-il aimer dans un enfant? sa gentillesse, sa grâce, ses caresses, sa nature périssable, ou bien son cœur, son ame, sa nature immortelle? L'enfant extérieur, beau, laid — bien constitué, difforme, — pacifique, fougueux, — intelligent, inepte; ou bien l'enfant intérieur toujours beau, toujours capable d'aimer, toujours capable de la vertu?

Et quand à son tour il devra aimer, que lui ferons-nous aimer dans autrui? la puissance, la grandeur, la richesse, la science, la vertu? Et si la vertu seule est aimable, ne devra-t-il aimer que les hommes vertueux?

Une réponse bien simple du catéchisme résout cette difficulté. « Nous devons aimer le prochain pour l'amour de Dieu.

Ainsi, c'est par rapport à Dieu que nous devons aimer nos enfants et nos élèves. Nous devons les aimer comme Dieu les aime lui-même. Or, l'amour divin n'a en vue ni le beau, ni le laid, ni le grand, ni le petit, ni la science, ni l'ignorance, ni même et exclusivement cette sagesse fugitive et passagère des enfants des hommes qui, peut-être, ne sera plus demain. Il considère ce qui est à son image, ce qu'il a détaché de lui, ce qu'il rappelle à lui sans cesse, sa propre nature libre, aimante, immortelle, l'ame enfin de tout enfant, de tout homme quel qu'il soit.

Voilà ce qui appelle notre amour.

Et quand nous aurons aimé nos enfants et nos élèves de cet amour pur et désintéressé, nous leur révélerons un jour notre secret. Nous leur ferons connaître le trésor qu'ils possèdent et qui était l'objet de notre tendresse, et nous leur dirons : Enfants, faites de même. Voilà des puissants et des faibles, des savants et des ignorants, des supérieurs et des inférieurs, des cœurs tendres et des cœurs endurcis. Tous ont une ame immortelle. Ils sont vos frères selon la nature divine. Ils sont issus du même amour. Portez-vous les uns vers les autres : C'est en même temps vous porter vers votre principe et votre fin.

Quel jour, ô mes jeunes amis, conviendrait mieux que celui-ci pour faire pénétrer dans vos cœurs la vérité qui anime le nôtre ?

Voyez les ministres de la religion qui viennent bénir vos travaux ! vos magistrats, vos administrateurs, vos professeurs, qui viennent les couronner ! Voyez toutes les classes de la société accourant honorer les premiers triomphes de la volonté. Ici, l'orphelin retrouve une famille. Ici, les vaincus mêmes et les parents des vaincus applaudissent aux heureux vainqueurs.

Tout cela ne veut-il pas dire : enfants aimez, car on vous aime.

J'ajouterai quelques mots à cette allocution.

Après l'affreux événement du 13 juillet qui nous a tous frappés, nous avons éprouvé le besoin de mêler notre douleur à la douleur publique, et nous en renouvelons aujourd'hui l'expression. Il avait été élevé généreusement le prince que nous pleurons. D'augustes exemples, une pieuse mère, des frères et des sœurs tendres et dévoués, un précepteur chéri, de fidèles serviteurs, l'éducation publique, une seconde éducation toute française au milieu des périls et des travaux du soldat, avaient formé son ame et cette bonté vraiment royale qui se puise au cœur de tous. Il n'est plus, le prince qui visitait les hôpitaux quand le fléau du choléra effrayait nos populations. Il n'est plus, le capitaine qui, l'épée à la main, gravissait le Teniah et franchissait les Portes de fer. Il n'est plus, l'ami de la jeunesse, dont la main libérale dotait nos enfants pour les faire entrer dans les écoles spéciales. Oui, nous le répétons au nom de ces jeunes gens que nous représentons ; nous avons mêlé notre douleur à la douleur commune, à la vive douleur de ses augustes parents, de tous ceux qui l'avaient élevé et qui l'avaient rendu si digne du trône.

DISCOURS

SUR LA PHILOSOPHIE DE L'HISTOIRE.

Prononcé par M. Victor BASTIEN, Régent de Philosophie.

Influence des Croyances morales sur la Civilisation.

MESSIEURS,

C'est un spectacle imposant et merveilleux que celui auquel la science fait assister notre époque tout entière. Armé des puissantes méthodes d'investigation qu'il s'est créées, l'esprit humain sait aujourd'hui connaître et comprendre la nature ; il l'observe, l'interroge, l'étudie patiemment, et finit par lui arracher peu à peu le secret de ses opérations intimes. Aussi, chaque jour quelque mystère se dévoile ; chaque jour l'inconnu recule d'un pas ; et la découverte des lois premières et des causes profondes de l'organisation et des mouvements, qui animent la matière, met en nos mains des forces d'une portée incalculable. Notre pouvoir sur cette nature rebelle, qui ne semble faite que pour résister à notre activité et nous détruire, s'étend de toutes parts et s'affermit de plus en plus ; en sorte qu'on peut dire avec assurance, que jamais prédiction ne s'est mieux réalisée que celle du chancelier Bacon ; nous sommes, en effet, parvenus à commander en maîtres sur ce globe, parce que nous y savons obéir. (1)

Les progrès des sciences physiques et les prodiges qu'enfante à leur suite l'industrie, sont admirables ; sachons le reconnaître, mais sans nous laisser éblouir. Car, après tout, quand même notre intelligence aurait sondé les profondeurs de l'espace et conquis les puissances que renferment les choses matérielles, notre bonheur serait loin d'être assuré ; il nous manquerait encore la connaissance de ses conditions les plus indispensables. Supérieurs à tout ce qui se meut, végète et respire autour de nous, nous nous sentons une vocation spéciale. Pour nous, vivre n'est pas seulement nourrir des organes, ni apaiser les impérieux besoins d'une enveloppe mortelle ; vivre, c'est penser, croire, espérer ; c'est sentir, aimer surtout, aimer ce que les mains ne touchent pas, ce que l'œil ne peut voir, ni l'oreille entendre.

(1) Bacon, Novum Organum, liv. I, aphorisme 3. La science et la puissance humaine se correspondent dans tous les points et vont au même but.... C'est l'ignorance de la cause qui nous prive de l'effet : car on ne peut *vaincre la nature qu'en lui obéissant.* Et plus loin, aphor. 129, on ne peut commander à la nature qu'en lui obéissant : *Naturæ imperare parendo.*

En d'autres mots, Messieurs, à côté et au-dessus du monde des corps, que régissent des lois immuables, s'élève un monde différent, le monde spirituel, le monde de l'humanité, aussi vrai, aussi réel, et non moins connaissable que le premier. Chacun de nous sent au-dedans de lui la vie intellectuelle et morale, chacun peut la remarquer et en observer les manifestations et les effets dans l'histoire. L'histoire, j'entends celle des nations, ne se compose pas d'un tissu de récits fantastiques, inventés à plaisir pour l'amusement des curieux ou le délassement des oisifs. L'histoire raconte et décrit des faits avérés, des événements certains, nombreux et divers, d'un intérêt d'autant plus vif qu'ils nous concernent et nous touchent de plus près. Il y a là un drame prodigieux, saisissant, commencé depuis bien des siècles, qui s'accomplit toujours, et dont le dénouement échappe aux regards les plus pénétrants. Les acteurs de ce drame, qui paraissent un moment sur la scène, puis s'en vont et ne reviennent plus, sont des acteurs sérieux, concourant chacun pour leur part à un effet d'ensemble à la fois sublime de grandeur et de tristesse ; ces acteurs sont les peuples, les empires, les individus, nous-mêmes !

Oui, Messieurs, la vie humaine est quelque chose de sérieux ; oui, la vie des nations, c'est-à-dire les événements historiques ont un sens, des lois spéciales qui les gouvernent, des causes propres qui les engendrent. Ici, non plus qu'ailleurs, rien n'est abandonné au hasard. Nous sommes maîtres de nos actions, j'en conviens ; et la volonté, je le reconnais encore, peut accomplir les actes les plus opposés. A l'instant même où je prends une résolution, je puis en prendre une autre ; si j'affirme, je puis nier ; je me sens libre d'agir à mon gré, et, pour m'exprimer comme Fénélon, je possède dans la volonté un pouvoir à deux tranchants.

Mais malgré cela, malgré l'empire incontestable que j'exerce sur moi-même, ma conduite n'est pas livrée à l'arbitraire.

Tout en conservant mon initiative, j'obéis à quelque chose de supérieur à moi-même. Il y a un centre qui m'attire, une loi universelle qui me domine et que je ne fais pas, loi sainte et obligatoire, établie par une plus haute intelligence que la mienne. Cette loi, la première en dignité, apparaît à ma raison, à la raison de tout homme, si faible, si imparfaite qu'elle soit, à la raison enfin qui la reconnaît pour sa légitime souveraine et se prosterne devant elle. C'est la loi inviolable du devoir et du juste, qui commande à la volonté au nom de l'ordre, au nom du bien, et lui défend de commettre le désordre et le mal, contraires de l'ordre et du bien, dont ils sont à jamais distingués et séparés.

Cela est si vrai, cette distinction du bien et du mal est tellement d'accord avec la conscience du genre humain, qu'elle sert toujours de règle à qui veut juger et apprécier les actions faites avec intelligence et liberté. De plus, à l'idée du bien s'attache une obligation inflexible, étroite, qui nous prescrit d'y conformer notre conduite, si nous ne voulons mal faire et démériter. Quand le devoir est violé, un trouble intérieur s'empare de l'homme : il s'élève une voix pour l'avertir qu'une infraction a été commise contre les lois éternelles de l'ordre ; et le coupable, lorsqu'il échappe à la juste sévérité de ses semblables, sait bien que la Providence veille sur son œuvre, que nul n'évite ses regards, encore moins ses jugements redoutables. La même croyance, le même pressentiment qui tourmentent l'iniquité, consolent l'honnête homme dans l'infortune, répandent la sérénité sur son front, et lui donnent le courage de demeurer dans les voies de la justice.

2

Cela vient, Messieurs, de ce que notre vocation ici-bas est de nous affermir dans la croyance des vérités morales, d'y rapporter toutes nos pensées et toutes nos actions. En vain, nos désirs se portent ailleurs ; ils ne trouvent ni paix ni repos. Notre nature aspire au bien. Le bien avec son caractère sacré d'obligation, est le centre d'attraction autour duquel gravitent, et doivent graviter librement les nations et chacun des membres de l'espèce humaine. Le bien est au sommet du monde moral, comme le soleil dans le monde planétaire : c'est lui qui répand de tous côtés à la fois lumière, chaleur et vie. Et ce que je dis n'est pas une vérité nouvelle. Entrevue de tout temps par la conscience de l'humanité qui la porte au fond de ses entrailles, elle a été mise au jour sous la forme scientifique par les anciens : ce fut la première et la plus noble conquête de l'esprit de réflexion ; et le Copernic des sciences morales est **un grec** d'Athènes, dont le nom a été célébré dans **tous les âges** ; cet Athénien, ce philosophe immortel, vous l'avez déjà nommé, c'est Platon.

Ainsi, Messieurs, la destination de l'homme sur la terre ne ressemble point à celle du reste de la création ; c'est une destination entièrement morale. Un coup-d'œil rapide jeté sur les faits historiques va mettre cette vérité en pleine lumière.

L'histoire, au premier aspect, ne semble être qu'un vaste recueil d'événements sans suite, sans ordre ni régularité. On dirait que tout y arrive fortuitement : les mouvements continuels des peuples, leurs guerres, leurs succès et leurs revers, les bouleversements et les révolutions des empires paraissent amenés par un concours imprévu de circonstances accidentelles. Cependant, au milieu de cette confusion apparente, la réflexion ne tarde pas à découvrir l'existence de lois uniformes , de causes cachées et permanentes , parmi lesquelles les croyances morales occupent , sans contredit, le premier rang.

Pour nous en convaincre, portons , Messieurs , portons nos regards sur les destinées d'un empire fameux dont l'histoire , depuis son berceau jusqu'à sa destruction , est généralement connue , je veux parler de l'empire romain. Pourquoi le temps, après avoir suscité un peuple magnanime et guerrier tel que le peuple romain, après l'avoir élevé au plus haut point de prospérité , l'a-t-il soudain précipité du faîte de la grandeur, ne laissant rien subsister de lui, sinon des ruines et des vestiges étonnants? Cette question, Messieurs, se résout sans peine.

Rome, comme toute société civile et politique, vint remplir sur le théâtre de l'histoire un rôle moral, et réaliser le bien sous une forme particulière. Tant qu'elle resta fidèle à cette mission, on la vit prospérer. Alors elle contenait en son sein un immense foyer de chaleur, alimenté par de fortes croyances morales et religieuses. Dans le cœur de ses citoyens était gravé le sentiment de l'ordre et de la justice. Ils s'honoraient par des mœurs austères , par l'amour de la frugalité, du travail et de l'économie, par la pratique constante des vertus publiques et privées. Cela les rendit invincibles; ils firent la conquête du monde. Parvenus à l'apogée de leur puissance, après plus de six cents ans de guerres et d'héroïsme , ils s'affaissèrent tout-à-coup sur eux-mêmes. En moins de quatre siècles , leur empire , qu'ils croyaient éternel, se trouva comme un homme épuisé et sans forces , en présence des barbares du Nord tant de fois vaincus. Il s'écroula subitement : Rome était morte. Depuis long-temps la vraie vie s'était retirée de ce grand corps. Avec ses anciennes croyances , cette ville avait vu disparaître les mœurs et les vertus qui avaient fait sa prospérité et sa gloire. Moins encore que les Grecs dégénérés dont ils écoutaient les leçons, les Romains ne croyaient que leurs actions, et jusqu'à leurs plus secrètes pensées fussent sous l'œil de la Providence. Dés-lors, on ne fit plus la distinction du bien et du mal : les lois écrites perdirent leur autorité; chacun n'eut d'autre mobile que son intérêt ou sa passion. Les courages s'énervèrent ; l'intempérance établit définitivement son empire dans les ames ; les liens sacrés de la famille se brisèrent; il n'y eut plus d'amour paternel, plus de dévouement filial, et, pour comble de malheur, plus de patriotisme. Le mal était sans remède, ainsi que l'écrivait Tibère au sénat (1) : et Rome dut périr.

Les mêmes causes, Messieurs, amènent partout les mêmes effets. Ainsi périrent les Assyriens, les Mèdes, les Perses, les Egyptiens, ainsi les Grecs du Bas-Empire. Et si après une durée de plus de treize siècles, les états de l'Europe moderne conservent un air frappant de vigueur et de jeunesse, ils en sont redevables à leur respect pour les croyances morales dont le christianisme les a nourris. Tant il est vrai qu'elles gouvernent les nations et président à leurs destinées!

Elles président également, Messieurs, à celle de chacun de nous. Quand on cherche ce qui a rendu célèbres les grands noms que l'histoire présente à l'admiration des siècles, on trouve que la solide gloire est au prix du courage, de l'abnégation et du dévouement. Qu'il me suffise, pour le démontrer, de rappeler à vos souvenirs les noms illustres de **Solon**, de **Lycurgue**, de **Léonidas**, d'**Alexandre**, de **Charlemagne**, et de tant d'autres, qui ont honoré les

____

(1) Tacite, Annales, liv. III, ch. 53, Lettre de Tibère au sénat sur la corruption des mœurs romaines.

temps anciens et les temps modernes. Tous ont bien mérité, parce qu'ils ont su faire de grandes choses ; et ils ont fait de grandes choses, parce qu'ils croyaient à la vérité, et qu'ils aimaient ce qui est à la fois bon et beau. Là , en effet , se trouve la source pure de toute perfection : tellement qu'il est impossible de laisser échapper quelqu'une de ces croyances de premier ordre , sans s'exposer à faillir. Voyez : ce malheur est arrivé à Caton d'Utique , l'un des plus grands citoyens de Rome. Pas plus que les stoïciens de son temps, Caton ne croyait à l'immortalité de l'ame ni à la justice divine. Or , un jour , vaincu , errant sur les décombres de Carthage, le courage lui manqua, et il termina par un crime une glorieuse vie. Environ treize cents ans plus tard, sur la même plage d'Afrique, au milieu des mêmes ruines, vaincu comme Caton en servant une bonne cause, expirait un autre grand homme, un roi de France , saint Louis. Mais saint Louis avait une confiance inébranlable dans les lois de l'ordre ; il sut mourir dignement ; et l'infortune devint pour lui un nouveau sujet de triomphe. Et voilà comment l'histoire justifie les vues de la raison ; voilà les leçons qu'elle donne au monde !

Ne les oublions jamais, Messieurs : car ce n'est pas impunément qu'on néglige les vérités morales. Celui qui les perd de vue, se condamne à méconnaître sa fin suprême : c'est un pilote sans boussole, égaré, perdu sur une mer de tempêtes, au milieu d'un océan sans bords. Vainement il chercherait un refuge dans les jouissances sensuelles ; il n'y trouverait que des mécomptes : elles ne sont pas le but de notre existence ; rien ne le prouve mieux que le jugement des hommes ; qui se plaisent à ne garder de nous que le souvenir de nos bienfaits et de nos vertus !

Si les croyances morales jouent un rôle important dans l'histoire et dans la vie politique des nations , elles étendent aussi leur influence sur les beaux-arts et l'industrie. Songez-y bien ; ces croyances sont le point fixe sur lequel s'appuient tous les développements de la civilisation. L'art , par conséquent, ne peut s'en éloigner sans manquer son véritable but, c'est-à-dire, la production du beau. L'artiste, il est vrai, ne paraît occupé qu'à combiner tantôt des paroles , des sons modulés et cadencés , tantôt des lignes , des ombres, des couleurs. Lui-même s'y méprend, et le premier s'abuse sur la nature et le caractère de ses œuvres. Cependant , Messieurs , le secret de l'art est autrement profond. Les signes et les symboles matériels qu'il emploie, ne servent qu'à révéler et à traduire au-dehors les mystères d'un monde dérobé aux regards profanes des sens. Ce qui pense sous le marbre du sculpteur , ce qui respire sur la toile du peintre et dans les compositions oratoires et poétiques , c'est nous , l'ame , l'être moral , avec ses espérances et ses joies , ses craintes et ses douleurs. Jamais l'orateur n'est plus éloquent ni le poëte plus sublime que quand ils nous entretiennent de l'homme, de sa dignité, ou même de sa faiblesse et de ses misères. Or, pour bien exprimer ces choses , il faut croire aux lois de l'ordre moral et les respecter. A cette condition seulement , on est capable de produire des chefs-d'œuvre, une Iliade ou une harangue cicéronienne , un tableau de Raphaël ou la coupole de St.-Pierre.

Au contraire, si les croyances morales abandonnent l'artiste , avec elles il perd le don de créer ; il s'égare dans un monde dont il ignore les lois , prend le vêtement pour la personne, et en voulant paraître original, il se rend étrange et a recours aux formes irrégulières , dissonantes et sans proportion. En un mot , le désordre règne dans ses ouvrages, avec le mépris des anciens qu'il ne comprend pas et des règles qu'il viole sans pudeur. De cette manière , on séduit un moment la sensibilité, mais on ne parvient pas à tromper l'intelligence. A défaut des contemporains, l'avenir se charge de redresser l'erreur ; l'histoire le témoigne hautement, et s'accorde parfaitement sur ee point avec la philosophie.

Reste, Messieurs, un dernier élément de la civilisation, élément essentiel, qui commence à prendre une place éminente dans l'histoire de l'humanité, je parle de l'industrie. Fille légitime de la pensée réfléchie et de la science, l'industrie, si tard venue, s'avance d'un pas rapide dans la voie du progrès. Devant elle, le temps n'a plus de durée, l'espace plus de distance : elle semble défier les résistances les plus énergiques, et marche à la conquête d'un empire admirable, celui des forces matérielles par la pensée. Un pareil avenir a de quoi frapper les imaginations : et néanmoins, il faut le reconnaître, cet élément civilisateur et bon, comme tout ce qui appartient à la nature humaine, n'a pas encore rencontré peut-être la loi qui doit régulariser son développement. La science économique le sait et redoute les effets perturbateurs d'une production trop facile et sans bornes. Car, si au respect du devoir, l'industrie venait à substituer dans les cœurs l'amour égoïste du bien-être ; si elle détruisait la tempérance, l'économie, la résignation et la sympathie naturelle qui nous attache les uns aux autres ; au lieu de contribuer à notre bonheur, elle ne ferait qu'augmenter la somme des misères qui nous affligent. Elle ne saurait l'oublier ; la fin de l'homme n'est point de poursuivre ici-bas le contentement de ses désirs, de vivre une journée pour mourir le lendemain tout entier. L'homme est un habitant du ciel, un moment exilé de sa patrie, où il retourne après s'être distingué dans le plus héroïque des combats. L'industrie, je le répète, ne peut perdre de vue ces consolantes vérités ; il faut qu'elle tienne compte des croyances morales, si elle veut servir utilement la cause commune du genre humain.

La France, du moins, le pays des généreuses résolutions,

comprend ce devoir important. A elle, n'en doutons pas, est réservée la mission d'imprimer au mouvement industriel une direction salutaire, conforme aux principes invariables d'honneur qu'elle professe et qui font sa gloire.

Jeunes élèves,

C'est afin que vous soyez dignes de ces hautes destinées de notre pays, que votre enfance est appelée à jouir du bienfait de l'éducation nationale, qui propage les idées morales en perpétuant les vieilles et saintes traditions de nos pères. Enfants d'une grande ville, boulevart de ces frontières, vous aurez à recueillir d'elle un précieux héritage de vertus ; vous aurez à le défendre, à y ajouter encore sous peine de dégénérer. Aussi êtes-vous ses plus chères espérances ! Elle a pour vous la tendresse d'une bonne mère ; elle vous donne l'instruction à pleines mains, excite votre émulation, encourage vos progrès, récompense vos efforts. Elle veut des fils capables de soutenir l'éclat de sa prospérité et de sa fortune. Voilà pourquoi elle assiste à cette solennité ; pourquoi vous voyez réunis vos concitoyens, vos amis et vos parents, tous prêts à vous applaudir ; pourquoi enfin nos magistrats eux-mêmes s'empressent d'accourir, et désirent connaître vos noms et vous distribuer ces lauriers. Sans doute, ce sont de modestes couronnes, modestes comme vos travaux. Mais puisqu'elles sont le prix de la lutte et de la persévérance, vous en serez fiers ; vous les regarderez comme d'heureux présages pour l'avenir, comme les symboles des palmes bien autrement dignes d'ambition, que le monde et notre immortelle patrie destinent à ceux d'entre vous qui sauront un jour les mériter !!!

V. BASTIEN.

LILLE.— Imprimerie de VANACKERE, Libraire et Lithographe, grand'Place, 7.